Paris
1814

Ganilh, Charles

Réflexions sur le budget de 1814

[illegible]

RÉFLEXIONS

SUR

LE BUDJET DE 1814.

RÉFLEXIONS

SUR

LE BUDJET DE 1814.

PAR M.ᶜ GANILH,

EX-TRIBUN.

Prix, 1 fr. 50 c.

A PARIS,

Chez **DETERVILLE**, rue Hautefeuille, N.º 8.

DE L'IMPRIMERIE DE LEBLANC.

1814.

REFLEXIONS

SUR

LE BUDJET DE 1814.

Ce n'est pas la première fois que la loi sur les finances, ou le Budjet, apprend au peuple français qu'il doit s'imposer de longs sacrifices et de cruelles privations, pour expier les déplorables excès du pouvoir absolu, de ses ministres, de ses conseillers et de ses courtisans. Depuis un siècle nous voyons, pour la sixième fois, la dette publique dépasser tous les moyens de l'acquitter, obstruer les sources de la prospérité publique et particulière, et frapper d'une atonie générale tous les organes de la vie sociale. Malgré les calamités fameuses de chacune de ces époques, on ne trouve point de mesure pour en prévenir le retour, ou le rendre moins funeste ; quand la tempête fut passée, on ne prévit plus l'orage, et l'on n'envisagea ces crises de misère que comme les ouragans qui, dans d'autres pays, replongent la nature cultivée dans toute l'horreur de la nature inculte et sauvage.

(6)

Que les Français, encore assez aveugles pour sacrifier leurs intérêts, leur raison et leur dignité à de stériles ressentimens, pour ne vouloir ni constitution, ni représentation nationale, ni liberté de la presse, pour ne pas craindre de soumettre leurs destinées à la seule volonté du pouvoir absolu, jettent les yeux sur les Budjets de 1715, de 1770, de 1789, de 1797 (*), de 1801 et de 1814 ; qu'ils parcourent ces pages confidentielles des vices et des excès du pouvoir absolu, et qu'ils nous disent si un peuple peut, sans danger et sans honte, rester constamment exposé à de pareils désastres. Pourraient-ils ne pas éprouver de vifs regrets de ce que le Régent, qui, en 1715, tenait les rênes du gouvernement, ne fut ni aussi éclairé, ni aussi généreux, ni aussi ami du peuple que le Monarque qui nous gouverne en 1814? Si la Constitution de 1814 eût été donnée en 1715 au peuple français, que de maux on lui eût épargnés, et à quel degré de prospérité, de splendeur et de puissance la France ne fût-elle pas parvenue! Grâces éternelles soient rendues au Monarque magnanime qui a brisé le sceptre destructeur du pouvoir absolu, n'a voulu régner que par des lois constitu-

____

(*) Voyez l'*Essai sur le Revenu public*, par l'auteur. Chez Deterville, libraire, rue Hautefeuille, n°. 8.

tionnelles, qu'avec le concours des représentans de
la nation, et sous la salutaire surveillance de la
liberté de la presse. En renonçant à la domination
fastueuse du bon plaisir, Louis XVIII s'est assuré
l'amour de tous les Français, l'hommage de tous
les peuples, et la vénération de tous les siècles.

Pénétré des devoirs de citoyen dans un pays libre,
je vais publier mes réflexions sur le Budjet de 1814.
J'ai la conscience que l'amour du bien a dirigé ma
plume, et que je ne parle que de ce que j'ai appris
par des études longues et pénibles; il m'est donc
permis de croire que la discussion dans laquelle je
m'engage ne sera pas sans quelque utilité.

Dans le projet de la loi des finances ou du Budjet, on remarque quatre parties distinctes :

La dépense ordinaire,
Et les moyens de l'acquitter;

La dette publique,
Et les moyens de l'amortir et de l'éteindre.

Je n'ai rien à dire sur la dépense ordinaire et
sur la dette publique. Je n'ai aucun doute de leur
exactitude, ni aucun moyen de la vérifier. A l'égard
des moyens proposés par le Budjet, pour acquitter
les dépenses ordinaires, et éteindre la dette publique, ils me semblent dignes des plus sérieuses
réflexions, et il importe d'en déterminer la nature,

l'effet et l'influence. Il faut examiner si ces moyens sont proportionnés à la difficulté des circonstances; s'ils doivent dissiper ou calmer nos inquiétudes, bien ou mal fondées; et s'ils répondent à l'attente et aux espérances d'un grand peuple. Je sens toute l'étendue de cette tâche; mais son utilité me fait un devoir de l'entreprendre.

PREMIÈRE PARTIE.

Des moyens destinés à acquitter les dépenses ordinaires.

Une seule pensée prédomine dans cette partie du Budjet, en motive toutes les dispositions, et en garantit le succès. Le ministre pense que les contributions ordinaires suffiront à tous les besoins ordinaires, et même qu'elles donneront un excédant d'environ 70 millions.

Si cette pensée est exacte, si elle se réalise, il faut convenir qu'on avait conçu de vaines alarmes sur la situation financière de la France. Jamais elle ne fut plus prospère, jamais les annales d'aucun peuple n'en offrirent une semblable. L'Angleterre elle-même, qui nous a accoutumés depuis si long-temps à ne pas nous étonner de la fécondité de ses ressources, est bien éloignée de l'époque où elle pourra balancer ses dépenses ordinaires par son revenu ordinaire; elle sera encore forcée pendant long-temps de suppléer par des emprunts au déficit de son revenu, et de combler avec des capitaux le vide qu'il a laissé dans la fortune de l'Etat.

Si donc la pensée du ministre sur le produit des contributions est fondée, la France sort de ses désastres, pleine de force et de vigueur; elle jouit de toutes ses facultés et de toutes ses ressources, et doit marcher rapidement à la prospérité et à la richesse.

Mais en partant de cette hypothèse, pourquoi le ministre n'a-t-il pas donné à sa pensée tous ses développemens? Pourquoi n'a-t-il pas tiré toutes les conséquences qui en dérivent? Pourquoi n'en a-t-il pas réalisé tous les avantages?

Si les contributions ordinaires produisent 70 millions au-delà des besoins ordinaires, à quoi bon avoir recours, pour éteindre la dette flottante, ou l'arriéré exigible, à la vente des biens des communes, d'une partie des forêts nationales, à des emprunts, à des obligations, à toutes les ressources financières? Toutes ces mesures sont sans objet, superflues, occasionnent un travail infructueux, et des dépenses inutiles. Il est bien plus simple et plus

facile de consolider la dette flottante et de l'ajouter
à la dette publique.

Cette augmentation n'a, ni ne peut avoir aucun
inconvénient pour l'État, pour les créanciers et
pour les contribuables.

Suivant le Budjet, la dette flottante n'est que de
750 millions; sa consolidation n'augmentera, par
conséquent, la dette publique que de   37,500,000 f.

Suivant le Budjet, l'excédant des
contributions annuelles sera de. . .   70,000,000

En déduisant de ce produit la
nouvelle dette consolidée. . . . . .   37,500,000 f.

Il restera encore un excédant de   32,500,000 f.

Qu'on affecte ce fonds à l'amortissement de la totalité de la dette publique, et elle sera entièrement
éteinte en moins de trente ans.

Dans cet état de choses, rien de plus facile et de
moins compliqué que le maniement de nos finances.
Tout se réduit à percevoir 618 millions de contributions, à employer leur produit au paiement des
dépenses ordinaires et de la dette inscrite, et à
consacrer le surplus à l'amortissement de la dette
publique. Cette tâche exige des soins, de la vigi-
lance et de l'ordre; mais ce sont là des qualités qui
ne sont pas au-dessus des facultés de tout adminis-
trateur; et l'on doit s'applaudir de ce qu'il n'est

faut pas de plus grandes, parce qu'on n'est pas toujours assuré de les trouver. Il me semble que la perspective que cet aspect du Budjet nous offre, est d'un heureux augure pour la nouvelle ère sociale qui commence, pour les institutions qu'elle consacre, et pour le règne du Monarque à qui nous les devons.

Pourquoi donc le ministre, qui a si bien vu toute l'étendue de nos ressources, n'en a-t-il pas tiré tous les avantages qu'elles lui offraient ? Ce n'est assurément, ni parce qu'il manque de lumières, ni parce que ces avantages ont échappé à son attention.

Il insinue dans le Budjet, qu'il a craint de porter atteinte aux engagemens de l'Etat, en convertissant la dette exigible en inscriptions de rente sur le grand-livre. Cette crainte honore sans doute la loyauté du ministre, montre à quel point il est pénétré de la nécessité d'exécuter fidèlement les engagemens publics; mais qu'il me soit permis de le dire, sa scrupuleuse fidélité envers les créanciers de l'Etat, l'a conduit au-delà des bornes du devoir et de la plus stricte justice.

Consolider une dette flottante, c'est lui donner le plus haut caractère que le créancier puisse désirer et obtenir; il n'y a pas un seul créancier qui n'acceptât cette consolidation avec la plus profonde reconnaissance, et qui ne comblât d'éloges et de bénédictions le ministre qui aurait si bien ménagé ses intérêts.

Ce créancier, fût-il même obligé de vendre son inscription, et de perdre une partie de son capital, éprouverait une moindre perte, que s'il était obligé de vendre l'obligation que le ministre lui destine; sur-tout s'il existe un fonds d'amortissement de 32 millions, ce fonds soutiendra la valeur de la dette, et lui en conservera une plus grande que celle que peuvent avoir les obligations, si elles sont abandonnées sur la place, sans sauve-garde et sans protection.

Le ministre lui-même est de cette opinion, puisqu'il se flatte d'acheter sur la place les obligations à un prix avantageux, et de retrouver, dans leur bon marché, l'indemnité du haut intérêt qu'il leur accorde.

Ainsi nul doute possible sur l'utilité et les avantages de la consolidation de l'arriéré et de sa conversion en inscription sur le grand-livre; nul doute sur la légitimité de cette opération, et sur sa rigoureuse conformité avec les lois de la justice.

Mais alors ma question se reproduit avec une nouvelle force, et je me demande encore une fois, pourquoi le ministre n'a pas tiré de sa pensée fondamentale, de l'excédant des contributions ordi-

naires sur les besoins ordinaires, toutes les conséquences qui en dérivent, toutes les mesures qu'elles
autorisent, et tous les avantages dont elles sont
susceptibles.

Cette pensée ne serait-elle qu'une hypothèse,
une espérance, une de ces visions, dont les Budjets
des peuples les plus sages et les plus clairvoyans ne
sont pas exempts ? Alors..... je laisse à tirer la conséquence.

Je ne puis cependant dissimuler qu'elle doit inspirer des inquiétudes d'autant plus vives, que l'on
ne voit à côté des contributions aucune ressource
supplétive, aucune mesure de précaution, aucune
perspective d'espérance et de sécurité. Si le pivot
du Budjet se brise, si la rentrée intégrale des contributions ne se réalise pas, tous les services sont
compromis, et chacun peut calculer les calamités
innombrables qui doivent en résulter. Nouvelle
raison pour moi de croire que le ministre a des
garans solides de sa confiance dans la rentrée des
contributions, et qu'il n'a point fait dépendre ses
opérations de pures conjectures, de simples pro-
babilités, et de présomptions plus ou moins fondées. On peut, à cet égard, s'en reposer sur ses lumières, ses connaissances, et les documens que ses
bureaux ont dû lui fournir.

Mais je ne crains pas de dire que s'il est possible

de lever sur la France les 636 millions portés au Budjet (*), on n'y parviendra qu'en prenant des mesures qui ne se trouvent point dans le Budjet, et qu'en établissant un mode d'imposition entièrement différent de celui qu'il a adopté.

Grâces au système continental, dont les effets destructeurs seront long-temps ressentis dans toute l'Europe, la France n'a, dans le moment actuel, d'autres moyens de pourvoir à l'universalité de ses besoins, que les produits de son agriculture. Le système des économistes est réalisé dans toute son étendue, dans toute sa pureté; et malgré les violentes diatribes de Buonaparte contre cette secte célèbre, il nous a, sans s'en douter, réduits à l'épreuve dangereuse de leurs spéculations. Comme l'enseignent les écrivains de cette école, nous n'avons que nos produits agricoles pour toute richesse, pour toute ressource. Nos manufactures et notre commerce intérieur ne peuvent que les approprier à la consommation, et les rapprocher du consommateur; tous leurs travaux n'en sauraient

---

(*) La somme à verser au trésor public n'est que de 618 millions; mais il faut y ajouter 5 centimes pour les dépenses communales, 5 centimes pour les percepteurs, et le surplus pour les receveurs particuliers et généraux : ce qui donne environ 18 à 19 millions.

augmenter la quantité ni la valeur. La petite por-
tion brute ou manufacturée que l'étranger expor-
tera, suffira tout au plus à balancer la valeur des
produits qu'il nous apportera. Par une conséquence
nécessaire, nous sommes réduits à l'impôt unique.
Quel résultat et quelle épreuve ! Ne nous abandon-
nons pas cependant à de fâcheuses réflexions; com-
parons nos ressources avec nos besoins.

Si je ne m'abuse pas, les réquisitions, les consommations et les dilapidations des armées fran-
çaises et étrangères, pendant 1813 et les six pre-
miers mois de 1814, ont épuisé la valeur de la récolte de 1813. Ce qui en reste encore en nature ne
suffira pas pour payer ce qui est dû par les cultivateurs, et pour réparer les pertes que leur a occasionnées l'invasion du territoire. Je ne crois donc
pas me tromper, en disant que le trésor public ne
doit point compter sur la récolte de 1813, ni sur
sa valeur. C'est donc uniquement sur celle de 1814
que doivent reposer toutes ses espérances.

On peut évaluer cette récolte à 4 milliards.

Sur cette valeur, il faut prélever les frais de culture, qui, en y comprenant les avances du fermier,
ne sont point au-dessous de 2,200 millions.

Il ne reste donc de disponible, et par conséquent d'imposable que 1,800 millions.

Les contributions qui sont établies par le Budjet,

et qui doivent être prises sur les 1,800 millions, consistent :

Dans les contributions de 1814. . 310,000,000

Et dans les trois quarts de la contribution de 1815. 480,000,000

Total. 790,000,000

En comparant les ressources, qui, comme nous venons de le voir, s'élèvent à . . . 1,800,000,000

Avec les contributions montant à   790,000,000

On voit qu'il reste pour les besoins particuliers. 1,010,000,000

Somme extrêmement modique, mais non rigoureusement insuffisante pour les satisfaire.

Il n'est donc pas impossible de percevoir sur les produits existans, les contributions demandées par le Budjet ; et il est permis de croire que les dispositions du peuple aplaniront encore les difficultés. Il n'ignore pas qu'il touche au terme de ses privations ; que désormais les dépenses seront strictement nécessaires et calculées avec modération ; et que le Monarque qui lui est rendu, met toute sa gloire à améliorer son sort. Un peuple libre paie sans se plaindre les plus fortes contributions, parce qu'il sait qu'elles sont nécessaires ; qu'elles seront employées à leur destination ; que la fidélité de leur emploi sera surveillée par ses représentans et par la liberté de la presse, et que toute malversation serait poursuivie et rigoureusement punie. L'amour de la liberté, de la patrie et du Monarque seront de puissans auxiliaires du recouvrement des impositions.

Mais, en comptant sur leurs secours, il ne faut pas oublier qu'il y a un terme où il faut s'arrêter, et qu'on ne peut le dépasser sans danger. Ce terme est celui où les besoins publics attaquent les besoins privés, et entrent en lutte avec eux; crise terrible, à laquelle on ne peut échapper dans les circonstances malheureuses où nous sommes, qu'en conservant à la récolte de 1814, la valeur de 4 milliards, somme à laquelle je l'ai évaluée.

Qu'arriverait-il, en effet, si, par la dépréciation de ses produits, cette récolte était réduite à 3 milliards? Sur qui retomberait la perte du milliard? Ce n'est ni sur les salaires du travail, ni sur les contributions : on les paye en argent; et loin d'éprouver une réduction, ils s'accroîtraient encore par le bon marché des produits, toute la perte serait donc supportée par les capitalistes, par les propriétaires, par tous ceux qui vivent du bénéfice des capitaux et de la rente de la terre. Elle absorberait leur part dans les produits, et les laisserait sans moyens et sans ressources. Il est donc indispensablement nécessaire de conserver à la récolte de

1814 toute sa valeur; autrement il est physiquement impossible de recouvrer les contributions demandées par le Budjet.

Sans doute on permettra l'exportation des produits; mais le succès de cette mesure n'est rien moins que certain, et ne serait pas même exempt d'inconvéniens.

Où sont les capitaux étrangers qui chercheront un emploi dans nos produits? La Hollande a perdu une partie de ceux dont elle disposait autrefois pour cet objet, et ceux qu'elle a conservés ne nous offrent que de faibles espérances. L'Angleterre la remplacera-t-elle dans ce genre de spéculation, et préférera-t-elle cet emploi de son capital, à ses autres emplois non moins profitables et moins dangereux? Quand cette hypothèse se réaliserait, en serions-nous plus avancés? Il faudra soutenir la concurrence de la Turquie, de la Russie, de la Pologne, de la Prusse et de l'Amérique. Et que de raisons de craindre que cette lutte ne nous soit pas favorable! nos terres sont au plus haut prix, tandis que celles de nos rivaux sont au plus bas prix; nos terres doivent toute leur fécondité aux avances du cultivateur; les leurs ont la fertilité des défrichemens et des nouvelles cultures; nos terres payent une contribution foncière du cinquième de leur produit, les leurs en sont exemptes; enfin, nos cultivateurs ont des charges et des besoins que les leurs n'ont point. Toutes ces raisons doivent nous faire sentir qu'il n'est pas sage de se reposer uniquement sur la libre exportation de nos produits pour en maintenir la valeur toute entière.

Lors même que l'exportation nous offrirait toutes les ressources qu'on en peut attendre, il faut prendre garde qu'elle ne nous devienne funeste, et ne pas oublier la leçon du sauvage qui pleure le soir le lit qu'il a vendu le matin. Il faut prévoir le cas d'une mauvaise récolte; ne pas faire dépendre les destinées d'un grand peuple de l'intempérie des saisons, et ne pas nous exposer à racheter de l'étranger, à un prix que nous serons hors d'état de payer, les denrées que nous lui aurons vendues à bon marché.

C'est entre ces deux écueils que nous sommes placés, et il faut, pour ne pas échouer, tenir le gouvernail d'une main ferme et habile. Plus la route est difficile, plus il faut être attentif à tout ce qui peut nous égarer.

Maintenir le prix des produits par des moyens propres, et tout-à-fait indépendans de l'étranger, tel est le but qu'il faut atteindre.

La première difficulté qui se présente, c'est de concilier les besoins du trésor avec les besoins du contribuable. Si l'on presse le recouvrement des contributions, le contribuable sera forcé, pour se libérer, de mettre en vente ses produits, et le besoin de vendre étant plus grand que le besoin et les moyens d'acheter, les produits tomberont à un prix si bas, qu'il sera peut-être impossible d'acquitter les contributions. Je sais que les besoins du trésor sont extrèmes; mais est-il donc impossible de lui procurer une valeur de circulation de 25 à 50 millions par mois, qui lui donnerait les moyens d'accorder au contribuable toutes les facilités dont il a besoin pour ne pas précipiter la vente de ses produits, et en conserver la valeur? La science des valeurs de circulation est maintenant si avancée, que, quiconque est initié dans ses doctrines, ne peut pas être embarrassé d'en créer de propres et de convenables aux circonstances dans lesquelles nous sommes placés. Nos livres répètent que quand un pays a des produits proportionnés à ses besoins, on peut trouver facilement le moyen de les faire circuler. Eh bien, c'est ce moyen qu'il faut employer; de lui dépend notre salut. Ce sera une opération nouvelle pour nous, qui n'avons jamais su que ruiner le contribuable par des frais de garnisaire, par la vente forcée et intempestive de ses produits, par toutes les vexations si familières au pouvoir absolu. Profitons du bel exemple que l'Angleterre a donné au monde pendant dix-huit ans, et soyons bien convaincus que ce qui lui a si bien réussi ne saurait être nuisible pour nous. Je ne m'expliquerai pas davantage sur ce point; je ne veux pas qu'on m'accuse d'impertinence, ou qu'on me flétrisse de la dénomination banale de faiseur de projets.

A l'appui de cette première mesure, j'en invoque une seconde, non moins indispensable et non moins utile. Je demande que la contribution porte sur les consommateurs et non sur les producteurs. Quelques réflexions rapides vont démontrer la différence et les effets de ces deux modes de contribution.

Quoique les contributions soient, en dernière analyse, acquittées par les produits du travail général, on ne doit pas croire qu'il soit indifférent de taxer ces produits dans les mains du producteur ou dans celles du consommateur. L'une de ces deux taxes est aussi funeste à la production que l'autre lui est favorable.

La taxe sur la production fait peser sur le producteur seul la contribution. Ce n'est pas même, comme l'ont cru de très-estimables écrivains, une avance que le producteur retrouve dans le prix de ses produits, et dont le fardeau est, en dernier lieu, supporté par le consommateur. Jamais le consommateur ne paye un obole de la taxe imposée sur le producteur.

Comment le producteur pourrait-il, en effet,

reporter sa taxe sur le consommateur? Ce ne pour-
rait être qu'autant qu'il serait le maître d'augmenter le prix de ses produits dans la proportion de la
taxe : mais ne sait-on pas que les prix se déterminent
par des causes indépendantes de la volonté du producteur, et même des dépenses de la production.
Les seuls rapports entre la quantité produite et la
quantité nécessaire à la consommation règlent le
prix des produits. S'il y a plus de denrées à vendre
qu'on n'en veut acheter ou qu'on n'en peut payer, le
prix baisse; il hausse dans le cas contraire. Le producteur ne peut donc augmenter le prix de ses produits du montant de la contribution qui le grève,
qu'autant que cette contribution diminuerait la
quantité des produits, on en augmenterait la consommation, et donnerait les moyens de payer cet
excédant de consommation.

Sans doute il y a certains produits dont la production cesse lorsque le prix vénal ne restitue pas
au producteur tout ce que leur production lui a
coûté, et, dans ce cas, il est vrai de dire que la contribution diminue les produits, jusqu'à ce que leur
valeur soit égale aux dépenses de la production;
mais si, dans ce cas, la contribution ne nuit pas au
producteur, elle nuit au pays, ce qui n'est pas
moins fâcheux : encore faut-il remarquer que, dans
ce cas, le producteur ne diminue pas tout-à-coup

la production ; il n'impute d'abord qu'à des causes
passagères la baisse des prix, il espère qu'ils se re-
lèveront, et jusque-là il se condamne à des privations, ou mange ses capitaux, et vit dans la misère ou se ruine.

Il y a même certains producteurs qui, quoiqu'ils
s'aperçoivent que l'emploi de leurs capitaux ne
leur donne aucun bénéfice, ne peuvent pas les re-
tirer de cet emploi pour les porter dans un autre.
Les propriétaires de terres sont dans ce cas. Comme
leur bénéfice ou la rente de la terre ne se compose
que de ce qui reste après le paiement des salaires,
des avances, des bénéfices du fermier, et de la contribution directe, s'il ne leur reste rien, ils n'en
continuent pas moins de cultiver leur terre, parce
qu'il vaut encore mieux pour eux la tenir en état
de culture que de la laisser en friche. Ils croyent
alors s'en dédommager en ne faisant aucune amélioration, en réduisant les frais d'entretien et de
conservation, et ils ne font pas attention que ce
qu'ils consomment comme bénéfices de leur capital, fait partie de ce capital.

Soit donc que la contribution sur la production
diminue la quantité des produits, jusqu'à ce que leur
prix vénal restitue au producteur tous les frais de la
production ; soit que le producteur continue la
production, quoiqu'elle ne lui donne aucun béné-

fice; dans les deux cas, il est évident que la contribution altère les capitaux, et oppose un obstacle insurmontable aux progrès de la richesse.

A-la-vérité, la contribution n'augmentant point le prix des produits, comme cela devrait être pour maintenir l'équilibre entre les producteurs et les consommateurs, il semble que leur bon marché devrait en augmenter la consommation, et que l'accroissement de la consommation devrait rétablir leur prix vénal au niveau du prix de la reproduction. Mais il n'en est point ainsi.

Comme la consommation n'est pas déterminée par le besoin, mais par le bon marché, dès que le bon marché cesse, la consommation s'arrête, et par conséquent les prix restent les mêmes que si la production n'était grevée d'aucune imposition.

Ainsi il est démontré que la contribution sur le producteur et la production a le double effet de réduire la quantité des produits, et d'en baisser la valeur à un taux inférieur à leur prix naturel, et par conséquent de favoriser les consommateurs aux dépens des producteurs, de diminuer la production, et de porter atteinte à la richesse nationale.

La taxe sur les consommations n'a aucun de ces inconvéniens, elle se confond nécessairement avec le prix naturel des produits; et, quoiqu'elle l'augmente, comme elle ne change point les rapports de la quantité produite et de la quantité demandée par le consommateur, il faut bien que le consommateur paye l'augmentation de prix produite par la taxe. A-la-vérité, il peut y échapper par une moindre consommation, ce qui arrive lorsque le prix des produits dépasse ses facultés; mais alors le producteur n'en souffre pas, parce qu'il proportionne toujours les produits à la consommation.

Encore, dans ce cas, s'aperçoit-on bientôt que la taxe nuit à la consommation et arrête la production, de sorte qu'il est facile de remédier au mal aussitôt qu'il existe. La modération de la contribution concilie tous les intérêts, la proportionne aux facultés du consommateur et aux besoins du producteur, et prévient ainsi tout ce qu'elle a de fâcheux et de nuisible.

Il faut donc tenir comme un principe constant et invariable que les contributions doivent être assises sur la consommation, et non sur la production. Ce principe, fondé sur la nature des choses, reçoit une nouvelle force des circonstances dans lesquelles se trouve la France.

Le dépérissement des hommes pendant une guerre de vingt ans, guerre la plus destructive qui ait jamais affligé l'humanité, le déplacement du travail dans toutes ses branches, d'autres causes particulières à la révolution, ont tellement élevé le salaire et le prix de la main-d'œuvre, qu'il est hors de toute proportion avec l'état de la richesse. La prospérité de la France exige donc la modération du salaire, ou la diminution du prix de la main-d'œuvre, et le système des contributions peut y contribuer d'une manière efficace, en les faisant porter sur les consommations. Dans les temps ordinaires, l'ouvrier se ferait rembourser de la taxe sur les consommations par la hausse de son salaire; mais dans la crise actuelle qui rendra infailliblement l'ouvrage rare, si le bon prix des denrées stimulait encore l'ouvrier à chercher de l'ouvrage, la concurrence des ouvriers ferait baisser le prix des salaires, et les reporterait nécessairement au taux que leur assigne l'état de la richesse nationale.

Au-lieu de viser à ce but désirable, le Budjet en atteint un tout opposé. En établissant la contribution sur la production, il écrase le producteur, favorise le consommateur, rend le travail d'autant moins nécessaire à l'ouvrier que les denrées sont à meilleur marché, lui donne la faculté de maintenir et peut-être même de hausser son salaire, déprécie la récolte dont il était si important de soutenir la valeur, et ajoute encore aux difficultés et au malheur des circonstances.

Je conviens que, dans l'état actuel des choses, il

n'est pas facile d'asseoir des contributions sur les consommations. Dans aucun temps ce genre de contribution n'a l'assentiment du peuple, et la conduite tortionnaire et vexatoire de la dernière administration dans la perception de celles qui existaient, a dû les lui rendre odieuses et insupportables. Mais la résistance du peuple à ces sortes de contributions ne tient-elle pas à des causes plus puissantes et d'une date plus ancienne? N'est-il pas à remarquer que les contributions indirectes, que le Budjet se propose de conserver et de maintenir, ne portent que sur des objets qui sont pour ainsi dire de première nécessité pour le peuple, et que le ministre n'en propose aucune sur cette foule d'objets de luxe qui offrent des ressources abondantes aux trésors des autres peuples? Qui doit-on accuser de cette omission importante? Est-ce le ministre, ou la nature des choses? Cette question vaut bien la peine d'être examinée.

Les contributions indirectes établies par le Budjet, quoique portant sur des objets de première nécessité, ne doivent produire que 130 millions, ce qui fait environ 5 fr. par tête.

Et l'Angleterre, en n'imposant pour ainsi dire que des objets de luxe, perçoit plus de 800 millions de francs, et par conséquent plus de 74 fr. par tête.

Quelle différence entre la richesse des deux peuples? et cependant leurs facultés naturelles ne peuvent être comparées sous aucun rapport. La France l'emporte autant sur l'Angleterre en fertilité du sol et variété de ses produits, en population et en moyens de travail et d'industrie, que l'Angleterre l'emporte sur la France en prospérité, en richesse et en puissance.

A quelles causes attribuer ces étranges résultats? La différence du système économique des deux peuples me paraît expliquer ce phénomène.

Depuis deux cents ans l'Angleterre sait que l'emploi du capital dans le commerce étranger est de tous les emplois le plus profitable. Depuis cette époque, le conseil du Roi, les délibérations des parlemens, les mesures de l'administration, ont été exclusivement dirigés vers l'amélioration du système commercial. Ce concours de toutes les lumières, de toutes les opinions, de toutes les autorités, l'a fait triompher de toutes les résistances que lui opposaient les intérêts, les passions, et les préjugés tant au-dedans qu'au-dehors; et depuis long-temps elle reçoit le prix de cette stabilité de pensée, de volonté et de conduite, et voit l'Europe admirer, plus qu'elle ne comprend, ce phénomène de la puissance du système commercial.

En France, on n'a jamais eu de système économique. Sully avait jeté les fondemens du système agricole : mais Colbert mit en honneur le système commercial. La diversité d'opinion de ces deux grands hommes a été un obstacle au succès des deux doctrines. Comme le système politique ne permit pas de les soumettre au grand jour de la discussion nationale, comme leur discussion dans les livres n'a jamais obtenu une assez grande publicité, elles n'ont produit que des opinions individuelles à-peu-près d'un poids égal, ou plutôt également indifférentes à tout le monde. Cependant, comme il est indispensable à l'administration de prendre un parti sur ce point important, des vingt-huit ministres qui ont succédé à Colbert dans l'administration des finances, les uns ont administré dans le sens du système agricole, les autres dans le sens du système commercial, et le plus grand nombre sans aucun système, et selon les besoins et les circonstances.

Parmi ceux qui ne doivent pas être confondus dans la foule, Machault et Turgot ne négligèrent rien pour faire triompher le système agricole ; Silhouette et Necker se déclarèrent pour le système commercial, qui prévalut jusqu'au moment de la révolution ; et il est remarquable qu'à cette époque les contributions directes s'élevaient à 250,000,000, et les indirectes à . . . . 265,000,000.

L'influence des économistes sur l'assemblée constituante fit rétablir les contributions directes ; mais

la modicité de leurs produits, leur déficit annuel
et les réclamations universelles des contribuables,
forcèrent encore de revenir aux contributions indirectes. Buonaparte, dans chacun de ses Budjets,
promettait la diminution des contributions directes,
et s'efforçait de grossir le produit des contributions
indirectes. Avant que le gouvernail n'échappât de
ses mains, en 1811,

Les contributions directes étaient, malgré l'étendue de sa domination, réduites à. . 504,950,540 f.

Tandis que les contributions in-
directes étaient portées à environ. . 500,000,000

Et voilà que, par un soubresaut effrayant, le
Budjet nous reporte au système projeté par Turgot. Ce ministre, recommandable par ses lumières,
ses vertus et son patriotisme, mettait toute sa gloire
à débarrasser l'agriculture des entraves qui arrê-
taient son développement. Il lui rendit en effet de
très-grands services, et, sous ce rapport, son administration est digne de toutes sortes d'éloges; mais
il eut le malheur de compter les contributions indirectes parmi les obstacles qui s'opposent aux progrès de l'agriculture, et de se prévenir en faveur
de l'impôt unique, et cette erreur qu'il partagea
avec les économistes, aurait, s'il avait eu le temps
de la réaliser, détruit les bienfaits de son administration et terni sa gloire.

Eh bien! ce qu'il se proposait de faire, le Budjet

(31)

le fait. Sur les contributions qu'il propose d'établir, et dont le montant s'élève à . . 656,000,000, les contributions indirectes ne sont portées qu'à . . . . 150,000,000.

Encore un pas, et nous voilà enfin parvenus à l'impôt unique, à ce prodige de félicité si long-temps promis par la secte des économistes.

Que conclure de cette versatilité dans notre système d'économie sociale et des contributions publiques ? Il me semble évident que, toujours incertains de ce qu'il fallait faire, nous n'avons pas fait ce que nous aurions pu ; que tantôt avançant et tantôt reculant, nous avons dû rester bien loin de l'Angleterre, qui pendant deux siècles n'a pas dévié un seul instant de la route qu'elle s'était tracée, et que les facultés du peuple français, toujours arrêtées dans leur direction par les mesures contraires ou diverses de l'administration, n'ont produit et pu produire que des résultats mobiles, sans durée, sans perfectionnement, et par conséquent d'une utilité partielle et limitée. Il faut même qu'il y ait dans la nature sociale une prodigieuse force d'impulsion vers le bien-être de l'individu, pour que, malgré les tiraillemens de l'administration, la France soit parvenue à une haute prospérité et se soit maintenue au premier rang des peuples civilisés de l'Europe.

Le Budjet a-t-il enfin résolu la grande question du système agricole et du système continental, agitée en France depuis deux siècles, et si souvent résolue en sens contraire? Nous apprend-il quelle route la France doit suivre pour sortir de l'état déplorable dans lequel de longs orages l'ont jetée, pour recouvrer sa prospérité, sa richesse et sa splendeur, pour atteindre les peuples qui l'ont devancée? Nous indique-t-il les guides qu'il faut suivre, les dangers qu'il faut éviter, le but qu'il faut se proposer? Non. Le ministre a gardé sur ce point un silence prudent, mais bien affligeant; il ne nous a fait part ni de nos ressources et de nos espérances, ni de ses mesures et de ses combinaisons pour le bonheur de la France; il nous laisse dans l'obscurité la plus profonde, il nous abandonne à toutes les perplexités du doute et de l'incertitude. Quelle raison peut-il avoir pour nous priver de cette partie intéressante du Budjet, souvent trompeuse, mais si bien appropriée à la nature humaine, toujours avide d'illusions? Ne devons-nous pas prétendre à des consolations même éloignées? et faut-il renoncer à des espérances même illusoires? Je n'entreprendrai point d'expliquer ou de censurer cette réserve mystérieuse.

Mais je ne crains pas de dire que, quelque fâcheuse que soit notre situation, elle ne doit nous causer ni alarmes ni inquiétues. Nos colonies vont redonner la vie au commerce; le commerce fera fleurir nos manufactures; les sciences, les lettres et les arts, secondés par l'aisance, embelliront notre patrie, sous un gouvernement libéral, et un Monarque ami de son peuple et uniquement occupé de son bonheur.

Je place au premier rang de nos moyens de restauration, nos colonies, et il me suffit, pour en faire sentir toute l'importance, de retracer le tableau de leur prospérité avant la révolution, de la part qu'elles avaient dans nos relations commerciales, et de l'influence qu'elles exerçaient sur les progrès de la richesse nationale.

Les états les plus authentiques portent les produits de nos colonies, avant la révolution,
à. . . . . 218,000,000 f. (*).

De ces 218 millions portés en France, environ 61 millions y étaient consommés, les 157 millions d'excédant étaient exportés par le commerce étranger. Cette somme formait plus du tiers de nos exportations. Sans elle, nos importations auraient surpassé nos exportations de plus de 100 millions,

____

(*) La colonie de Saint-Domingue produisait seule 175 millions; elle formait, par conséquent, les 5/7.es de toutes les colonies.

Voyez *Traité d'Économie politique de Page.*

3

et par elle la France avait en sa faveur une balance de plus de 50 millions. C'était donc évidemment à ses colonies que la France devait sa prospérité dans les temps les plus prospères ; c'est encore à ses colonies qu'elle devra le rétablissement de sa fortune.

Qu'on ne s'effraie pas des obstacles qui semblent s'opposer à la restauration de Saint-Domingue, cette source inépuisable de richesses et de trésors, le Mexique de la France. Dans son état actuel, cette colonie donne des produits considérables en coton, indigo et café. Il ne faudra pas de grands capitaux pour donner à ce genre de produits toute l'extension dont ils sont susceptibles, et leur abondance aura bientôt fait les fonds nécessaires au rétablissement des sucreries. Lors même qu'on voudrait devancer les efforts de l'économie, rétablir tout-à-coup les sucreries, et accélérer le retour de leurs immenses produits, les capitaux nécessaires à leur rétablissement n'égaleraient pas la vingtième partie du capital qu'il faudrait à la France pour remplir le vide de 218 millions, que la privation de nos colonies fait dans le revenu général de la France. C'est à Saint-Domingue qu'il faut aller réaliser les prodiges de l'agriculture, si célébrés par les économistes. C'est là que la nature fait les trois quarts du travail, puisque l'ouvrage de 600 mille ouvriers y équivaut au travail de 3 millions d'hommes en Europe ; c'est là que l'emploi des capitaux, dans l'agriculture, surpasse tous les autres emplois des capitaux en Europe; c'est là, en un mot, que le sol enrichit le cultivateur, et que les richesses du cultivateur peuvent faire fleurir les manufactures et le commerce. Craindre que les capitaux de la France ne s'écoulent dans ses colonies, c'est craindre qu'un faible ruisseau ne devienne une rivière navigable.

Si la France ne sait pas profiter de cette ressource précieuse, c'en est fait de sa richesse et de sa puissance. Il faut qu'elle renonce au commerce étranger, à sa marine, à son industrie, et qu'elle descende du rang politique qu'elle occupe. 51 millions consacrés à sa marine, *pour lui conserver sa position continentale*, seraient un sacrifice inutile et sans objet, et ne la rendraient ni plus respectable aux puissances continentales, ni plus imposante aux puissances maritimes.

Qu'on ne se flatte pas même que la France, en renonçant à son commerce maritime, ne sera plus exposée à la guerre et à ses désastres. L'Autriche, la Turquie et la Pologne n'ont jamais pris part aux guerres maritimes de l'Europe; en ont-elles été moins exposées aux calamités de la guerre? Elles n'ont point de colonies; en sont-elles plus riches, plus prospères et plus puissantes?

Si, comme une expérience longue et fâcheuse

nous l'a trop bien appris, les peuples sont condam-
nés à faire la guerre, avec ou sans intérêt, avec ou
sans raison, encore vaut-il mieux qu'ils fassent des
guerres motivées par l'utilité et les avantages du
commerce, et qu'ils se flattent que la paix leur don-
nera les moyens de réparer les pertes occasionnées
par la guerre. Quand on ne fera que des guerres à
profit, on sera bientôt averti qu'on ne poursuit
qu'une chimère; et quand on ne sera guerrier que
par intérêt, on sera pacifique par intérêt.

Concluons donc que la France n'a aucun motif
raisonnable qui doive l'empêcher de mettre à profit la ressource de ses colonies; c'est la seule planche
qui lui reste dans le naufrage; et les soins que le
Roi s'est donnés dans le traité de paix, pour les lui
faire restituer, prouve à-la-fois l'étendue de ses lumières et de sa sollicitude pour son peuple, et ne
sont pas un des moindres bienfaits de la restauration.

Mais, ne nous le dissimulons pas, la ressource
des colonies n'est point actuelle et disponible, elle
est sûre, mais elle n'est pas prochaine; et il faut
prendre garde, en l'attendant, de ne pas tomber
dans un dépérissement d'autant plus fâcheux que les
effets en seront moins aperçus. J'ai indiqué le re-
mède dans une valeur de circulation de 25 à 50 millions par mois, et dans l'assiète des contributions

sur les consommations. Je soumets ces deux moyens aux méditations des deux chambres, et je me flatte qu'elles accueilleront avec bonté cet hommage à la patrie.

Voyons maintenant ce qu'il faut penser des dispositions du Budjet, relatives à la libération de la dette flottante, ou de l'arriéré exigible.

SECONDE PARTIE.

De la Libération de la Dette exigible.

LE Budjet, dans ses dispositions relatives à l'extinction de la dette exigible, n'est que la suite et l'exécution de l'art. 70 de la charte constitutionnelle, *qui déclare inviolable toute espèce d'engagement pris par l'État avec ses créanciers.* Son unique objet est d'acquitter les engagemens contractés par la charte envers les créanciers de l'État, et de leur donner tout ce qu'elle leur a promis. A-t-il rempli son objet? Quelque opinion qu'on s'en forme, on doit rendre justice à l'esprit qui l'a dicté, et convenir qu'il a voulu être rigoureusement juste, et que s'il ne l'est pas, c'est qu'il s'est mépris sur les moyens d'accomplir sa volonté. La discussion de cette partie du Budjet a donc cet avantage particulier, que, soit qu'on la critique dans l'intérêt des créanciers, ou dans l'intérêt de l'Etat, on est également sûr de s'associer aux vues du gouvernement, à ses intentions et à sa volonté, de seconder ses desseins, et d'en favoriser l'accomplissement. Cette considération m'encourage à publier mes réflexions sur cette partie du Budjet, qui paraîtraient peut-être hasardées dans des circonstances contraires.

Dans la partie du Budjet qui m'occupe, on remarque trois objets distincts :

La fixation des créances qui doivent composer la dette exigible ;

Le mode de liquidation de cette dette ;

Et le systême de sa libération.

Examinons attentivement les opérations du Budjet sons chacun de ces rapports, et voyons si elles peuvent obtenir l'assentiment des bons esprits et la sanction de la loi.

Dans la fixation des diverses créances qui doivent composer la dette exigible, on n'est pas peu surpris de trouver les fonds déposés forcément à la caisse d'amortissement et de service public, classés, confondus avec les créances contractées librement, et assujetties aux mêmes dispositions. Il me semble cependant que ces deux espéces de créances n'ont rien de commun entr'elles, et que ce serait commettre une souveraine injustice que de leur faire la même justice.

Quoi! les créanciers qui ont traité volontairement avec le gouvernement, dans leur seul intérêt et pour leur avantage, qui ont pu et dû calculer toutes les chances de leurs transactions avec lui, et qui en ont reçu le prix ou l'indemnité dans leurs stipulations, seraient assimilés à des propriétaires de fonds qui ont été forcés par la loi de les déposer dans des caisses publiques! Quoi! la violation d'un dépôt, l'enlèvement des fonds du Mont-de-Piété, de Retraite et de la Charité maternelle; la dilapidation ou la soustraction furtive des deniers du pauvre, du pain du malheur, des ressources de la vieillesse et de l'infirmité, ne seraient que de simples créances, et pourraient être assujettis au même mode de paiement? Qu'on ne recherche pas les complices de cette violation de dépôt, qu'on ne prenne aucune mesure publique pour atteindre les coupables et disculper les innocens, qu'on couvre d'un voile officieux le scandale de l'ordre spoliateur, et de l'exécuteur timide ou intéressé, on peut le concevoir, quoiqu'on doive s'en étonner; mais que les malheureux spoliés contre la foi publique ne soient traités que comme des créanciers ordinaires, que leur propriété sacrée ne soit qu'une créance exigible, je ne puis me le persuader, c'est une méprise dans le Budjet, qui ne saurait trouver d'apologiste.

On doit en dire autant des consignations et des dépôts judiciaires. Ce ne sont point là de simples créances exigibles, mais des dépôts forcés, des fonds appartenant à des citoyens infortunés dont on a vendu les biens pour payer les créanciers, et qui, si on ne les leur rend pas, seront flétris comme insolvables, ou exposés aux nouvelles poursuites de leurs créanciers. Ce ne sont pas des créances qu'on leur doit, mais des propriétés qu'il faut leur restituer; et si l'on veut leur rendre la justice qui leur est due, il faut leur rendre ce qui leur appartient, il faut les remettre en possession de la propriété que la loi avait prise sous sa sauve-garde (1).

Si le ministre a pu faire acquitter sans aucune autorisation les fonds déposés à la caisse de service pour les receveurs généraux (2), ce dont je suis bien éloigné de le blâmer, il faut rendre la même justice aux fonds déposés dans la même caisse, fonds encore plus favorables, puisqu'ils ont été déposés forcément: il faut que la restitution de ces dépôts soit comprise dans les dépenses courantes; il faut les faire entrer dans le chapitre des dépenses impré-

---

(1) La totalité de ces dépôts, que le Budjet confond avec de simples créances, n'est que d'environ 15 millions.

(2) Voyez page 30 du Compte présenté au Roi.

vues, article omis dans le Budjet, qu'il faut rétablir si l'on veut qu'il soit régulier et complet.

La dette exigible ainsi réduite aux seules créances
contractées librement, est soumise par le Budjet à
une liquidation confiée aux ministres.

Cette disposition n'offre qu'une seule difficulté,
et peut-être même trouvera-t-on que ce n'en est pas
une. Le Budjet n'établit point les principes régula-
teurs de cette liquidation; on n'a pas cependant
voulu les laisser les maîtres de la régler arbitraire-
ment, selon leurs lumières et leur équité. Si je ne
me trompe, les ministres ne pouvaient ordonnan-
cer que jusqu'à concurrence des fonds mis à leur
disposition par des crédits qui leur étaient ouverts
à la trésorerie. Toutes les liquidations que le Budjet les autorise à faire doivent donc être circon-
scrites dans l'étendue de leurs crédits; autrement
ils seraient les maîtres de grever l'état indéfiniment,
faculté dont ils sont à-la-vérité incapables d'abuser,
mais qu'on ne peut leur accorder dans un gouvernement régulier, et dont ils ne doivent pas vouloir
dans un gouvernement qui les soumet à la responsabilité.

Encore la loi, en traçant l'étendue et la limite de
leur pouvoir, doit-elle prévoir et résoudre une
question d'une haute importance et du plus grand
intérêt.

Dans le cas où les crédits des ministres sur le trésor dépasseraient les crédits accordés par la loi à Buonaparte, les admettra-t-on dans la liquidation, et assimilera-t-on les crédits ouverts par Buonaparte, sans y être autorisé par une loi, à ceux qu'il donnait en vertu d'une loi? C'est une question que je ne me permettrai pas d'examiner, et que j'abandonne aux lumières et à la sollicitude des dépositaires et des conservateurs de la fortune publique.

Enfin, la dette exigible doit, après sa liquidation, être acquittée en bons royaux, convertibles en inscriptions, ou remboursables dans trois ans, à compter du jour de l'ordonnance de liquidation, ou rachetables en deniers comptans, que le ministre se procurera par l'excédant des recettes ordinaires sur les dépenses ordinaires, par la vente de 500,000 hectares de bois, par la vente des biens des communes et par un emprunt.

Essayons d'apprécier chacune de ces mesures, et de déterminer leurs effets, propres ou communs, isolés ou combinés.

La première et la plus importante de ces mesures, la plus digne d'attention, est celle qui autorise le ministre à racheter les billets royaux sur la place, et qui, pour effectuer ce rachat, met à sa disposition l'excédant des recettes sur les dépenses, le prix de la vente des 500,000 hectares de bois, et des biens des communes. Cette mesure, on ne peut pas se le dissimuler, peut produire les effets les plus désastreux.

Elle introduirait l'agiotage le plus scandaleux. 759 millions de billets royaux jetés à la bourse lentement ou subitement, selon les besoins du jeu ; le marché bien ou mal approvisionné, selon les dispositions des joueurs ; leurs spéculations fortement excitées par l'appât d'un intérêt de 8 pour 100 ; le ministre, avec 2 à 500 millions, faisant tête à tous les joueurs, et sauvant du naufrage la fortune publique, en s'emparant des débris de la fortune des particuliers : telle est la perspective que nous présente le rachat des billets royaux sur la place, avec des fonds mis à la disposition du ministre. Voudrions-nous donc faire revivre les jours fameux de la rue Quincampoix (*), l'époque la plus scandaleuse de notre histoire ? Ce n'est pas ainsi que nous devons payer nos dettes ; ce n'est pas en gagnant nos créanciers au jeu, que nous devons nous libérer de ce qui leur est dû ; ce n'est pas en ruinant des Français que la France marchera à la prospérité. De telles richesses sont odieuses dans les particuliers ; dans l'État, elles seraient un malheur public.

Quel serait d'ailleurs le moyen de surveiller les

______

(*) Cette rue joua un grand rôle pendant le système de Law.

opérations du ministre, de les suivre, de les régulariser, et de les soumettre à la responsabilité constitutionnelle ? Si, comme cela me paraît évident, il n'y a pas de moyen de les soumettre à la responsabilité, elles sont inconstitutionnelles, et par conséquent elles ne peuvent ni ne doivent être autorisées.

Quelque graves que soient ces inconvéniens, il en est encore de plus dangereux et de plus redoutables que cette mesure doit faire craindre. Laisser dans les mains du ministre 2 à 300 millions, qu'il pourra faire valoir sur la place, sans surveillance et sans comptabilité, ce serait lui donner des moyens d'ambition, d'intrigue et de pouvoir dont il est impossible de prévoir et de calculer les résultats. Il n'en faudrait pas davantage pour inquiéter le Monarque sur son trône, pour introduire la corruption parmi les représentans de la nation, et faire servir la constitution aux vues, aux projets les plus odieux. Il n'en aurait pas fallu tant à un cardinal de Retz pour s'emparer de la puissance royale, imposer ses volontés au Monarque, et donner des lois à la France. L'histoire d'Angleterre accuse le célèbre chancelier de l'Echiquier, Valpole, d'avoir employé les profits de l'agiotage à dominer par ses pensionnaires, les deux chambres du parlement ; et l'on ne m'accusera pas sans doute de trop de défiance en manifestant des craintes que l'histoire autorise et justifie.

J'ajoute que si nous avions le malheur de voir renaître des jours de trouble et d'orages, les 2 à 5oo millions que le ministre aurait à sa disposition, le rendrait l'arbitre du moment et le maître de nos destinées.

Aussi l'Angleterre, qui a bien prévu les dangers inséparables, dans un pays libre, d'une si grande disposition de fonds dans les mains d'un ministre, s'est-elle bien donnée de garde de confier les fonds d'amortissement à la seule direction du chancelier de l'Echiquier; elle en a donné l'administration à l'orateur de la chambre des communes, au chancelier de l'Echiquier, et aux deux premiers directeurs de la banque.

Pénétré de la sagesse et de la nécessité de ces précautions, le Tribunat rejeta en l'an 9 (1801), sur mon rapport, le projet de loi sur la liquidation de la dette publique, parce qu'on n'avait pas mis le fonds d'amortissement sous une surveillance suffisante; l'événement n'a que trop bien justifié sa résistance, et doit faire regretter qu'elle n'ait pas eu plus de succès, et qu'il ne lui soit resté que la gloire d'avoir fait son devoir.

Tout démontre donc les dangers de la mesure proposée par le Budjet, pour racheter les billets royaux sur la place, avec des fonds mis à la disposition du ministre.

L'extinction de la dette exigible par des billets

royaux portant intérêt à 8 pour 100, rembour-sables dans trois ans, et garantis par une délégation spéciale de 300,000 hectares de bois et des biens des communes, est moins vicieuse, mais n'est pas exempte de critique.

Quand les billets royaux seront-ils délivrés aux créanciers? De quel jour porteront-ils intérêt? A quelle époque seront-ils payables?

De l'époque de l'ordonnance de liquidation.

Mais quand arrivera cette époque fortunée? Le Budjet ne l'indique point, et ne prend aucun moyen de la fixer. Le Budjet avertit, au contraire, que la liquidation ne sera pas achevée de dix-huit mois. Il y aura donc, de l'aveu même du ministre, un intervalle de dix-huit mois entre la première et la dernière liquidation, et deux créanciers, dont les droits sont parfaitement égaux, seront cependant, par le seul fait de la liquidation, traités iné-galement; l'un recevra de plus que l'autre l'intérêt de sa créance pendant dix-huit mois, et sera rem-boursé dix-huit mois avant son concurrent. Un tel mode de paiement est donc évidemment vi-cieux.

Ce n'est pas tout.

Quelle lutte n'établira pas entre tous les créan-ciers l'intérêt qu'ils auront à être liquidés les pre-miers; que de sollicitations pour obtenir une pré-férence si désirable; combien les sollicitations seront puissantes, si l'on ne craint pas de les appuyer par le partage des nombreux millions que dispensera leur succès ! Que de vertus ne faudrait-il pas aux créanciers, pour ne pas faire usage des moyens puissans dont ils disposeront ; et quel héroïque désintéressement ne devraient pas s'imposer les liquidateurs, pour ne pas succomber à une aussi dangereuse séduction ! Je n'ai pas la pensée de faire la moindre injure à qui que ce soit, et de calomnier l'humanité ; je n'accuse que la loi, qui donnerait une impulsion si dangereuse aux passions, les ferait fermenter avec tant de violence, et ferait éclore tant de vices et d'immoralité. Les lois doivent rendre la vertu facile.

Si le mode de libération que je viens d'examiner, pouvait cependant obtenir quelque considération, il faudrait, pour en prévenir les abus, fixer une époque, dans laquelle les créanciers seraient tenus de déposer leurs titres, et déclarer que ceux qui feraient le dépôt dans le délai prescrit, auraient droit au même intérêt et au même remboursement, à partir de cette époque.

Dès-lors, plus de raison de préférence, plus d'intérêt à l'obtenir, et par conséquent plus de sollicitations, plus de séductions, plus de levain de corruption et de vice.

Mais le remboursement des billets royaux dans trois ans, du jour du délai prescrit pour la remise des titres, sera-t-il suffisamment garanti par la délégation spéciale des 300,000 hectares de bois et des biens des communes? J'avoue que ce gage, tel qu'il est présenté dans le Budjet, me paraît peu propre à inspirer de la confiance.

Les hectares de bois ne sont pas tous de la même nature; les bois taillis ne valent pas les bois de haute futaie, et ceux qui contribuent à l'approvisionnement de Paris et des grandes villes du royaume, ont une valeur bien supérieure à ceux qui sont situés dans la Bretagne ou dans les Pyrénées. Le vague de la délégation des 300,000 hectares de bois doit donc en détruire le mérite. Cela ne serait pas arrivé si l'on eût déterminé la valeur des bois par leur produit.

Je crois qu'en modifiant ce dernier projet, il ne serait pas impossible de concilier l'intérêt des créanciers, de l'Etat et de la fortune publique; mais on sent que ce projet devrait être refondu dans son entier, il ne m'appartient pas de prendre l'initiative.

Je n'ai promis que des réflexions sur le Budjet, et je crois avoir rempli ma tâche. J'ai dit tout ce que j'ai vu ou cru voir d'utile; si je n'avais songé qu'à moi, je n'aurais point écrit.

FIN.